la BANDE à Ed

Jak et Geg

Tous ensemble et tous différents

Un autre regard sur le handicap

Dessins

JAK

Textes

Georges "GEG" Grard

Fiches techniques préparées par

APF13

GRRR...ART

80 ANS à bouger les lignes !

Association des Paralysés de France

Editorial

Le 9ème art nous a semblé le mieux adapté pour s'adresser aux citoyens de demain et leur parler du handicap afin de changer le regard des jeunes sur une réalité difficile mais où les situations peuvent évoluer grâce à des gestes simples et des attitudes citoyennes et respectueuses de la différence.

C'est cette idée qui nous a amené à réaliser cette bande dessinée pour combattre les idées reçues, bousculer les représentations et faire bouger les lignes.

Les handicaps impliquent des situations très différentes selon la nature même des déficiences, mais aussi en fonction des individus, de leur environnement social ou familial, de leur état de santé et de leur niveau de scolarité.

En revanche, ce que les personnes en situation de handicap ont toutes en commun, c'est la manière dont elles sont perçues dans la société où elles évoluent et la place qu'elles entendent y prendre. En cela leur aspiration à être des citoyens à part entière rejoint l'action que mène l'Association des Paralysés de France en militant pour une société inclusive. « *L'inclusion, c'est faire le choix d'une société ouverte à tous et conçue pour tous quelles que soient les différences, dans laquelle chaque citoyen puisse exercer pleinement ses droits et mener une vie digne !* ». L'inclusion, c'est aussi le vivre-ensemble, c'est comprendre l'autre et lui reconnaître la place à laquelle il a droit.

Cette BD nous raconte les aventures d'un groupe d'amis dont certains en situation de handicap mais qui, tous, sont victimes de discriminations. Leurs histoires sont les nôtres, les vôtres et elles peuvent arriver à tout le monde. Leurs armes pour franchir les obstacles, c'est le respect de l'autre et la solidarité. Par ces temps difficiles, notamment pour les plus fragiles, ces valeurs ont tout leur sens. Il appartient à chacun de nous de les faire vivre au quotidien.

Pour concrétiser la réalisation de ce projet, plusieurs partenaires nous ont apporté leur soutien. Nous tenons à les remercier pour leur confiance et leur implication.

Mireille FOUQUEAU
Directrice Délégation APF
des Bouches du Rhône

80 ANS à bouger les lignes !
Association des Paralysés de France

Tous les visuels de cet album sont tirés de la bande dessinée de Jak et Geg
La bande à Ed (tome 1) (prix Handilivre jeunesse 2007)
La bande à Ed "Tous à Peyrax !"
La bande à Ed "Festi'Val Fleuri"
et du jeu de Cartes "les Handispensables"

Tous disponibles sur le site de Grrr...Art Editions :
http://grrrart-editions.fr

Blog de la bande à Ed :
http://labandeaed.over-blog.com

Un projet de la délégation APF des Bouches du Rhône
279 avenue de la Capelette
13010 Marseille
04 91 79 99 99
http://dd13.blogs.apf.asso.fr/

En partenariat avec l'association Reflets du Temps

Photo de couverture Julien Martin (http://martinjulien.wordpress.com)

GRRR...ART Editions
3 résidence Saint Paul 78660 Allainville aux Bois
Tél et fax : 01 30 41 89 50

imprimé par PROOST (Belgique)
Dépôt légal 1er trimestre 2014 - ISBN 2-36592-030-8

SALUT MEC, ÇA VA ?
POUR QUI IL SE PREND CUI-LÀ ?
COMMENT QU'IL SE LA JOUE !
IL NOUS A PEUT-ÊTRE PAS VUS ...
TU TROUVES QUE JE SUIS DU GENRE QU'ON VOIT PAS ? C'EST UN SNOB, C'EST TOUT !
P'T'ÊTRE QU'IL AIME PAS LES HANDICAPÉS !
ON VA BIEN VOIR ... LE REVOILÀ ...
BONJOUR !!
GG... KH... H... A... O... H... (*)
(*) SALUT LES GARS ! JE M'APPELLE ARNAUD ET JE SUIS NOUVEAU DANS LE QUARTIER. JE SUIS SOURD-MUET, J'ESPÈRE QUE ÇA NE VOUS GÊNERA PAS TROP ...
HONTE
HONTE
HONTE
HONTE
HONTE
KHH... A... HO... (*)
(*) ALLEZ TCHAO LES MECS !
Gzet GEG

AUJOURD'HUI, LA BANDE À ED MONTE UN GROUPE DE RAP !
BAH OUI... MAIS DE QUOI ON PARLE ?
BOAF...
JE VOIS PAS...
MOI, JE SAIS !
ON VA RAPER NOS VIES !
COOL !
TOP !
CH'UIS TOUJOURS EN SURCHARGE MA TAILLE EST EXTRA-LARGE
JE SUPPORTE PLUS LES REGARDS
DE TOUS LES GENS STANDARDS !
LEURS COMMENTAIRES M'AGRESSENT MAIS COMMENT TAIRE MA GRAISSE ET COMMENT RENDRE GRÂCE À MON ENVIE D'ESPACE ?
JE SUIS UNE ARBALÈTE, UN P'TIT PÂTÉ DE TÊTE, UNE TRANCHE SANS VOLUME CATÉGORIE POIDS PLUME !
MAIS JE VEUX EXISTER MÊME SUR LA POINTE DES PIEDS ON A TOUJOURS BESOIN CHEZ SOI D'UN MAGHRÉBIN
?
CLAP
CLAP
POUM
TCHAC !
POUM
TCHAC
POUM
ON ME TRAITE DE "VOIT-RIEN" POURQUOI PAS D'IVOIRIEN ? CH'UIS JUSTE UN MALVOYANT PAS VRAIMENT CLAIRVOYANT !
MES YEUX ME FONT DES FAUX COEFF' LIMITE ZÉRO ET PLUS RIEN N'EST AU NET DERRIÈRE MES LUNETTES !
IL FAUDRAIT PAS QU'ILS CROIENT NOUS PLANTER SUR LA CROIX Y'A MARQUÉ "PEACE AND LOVE" C'EST PAS DE LA GUIMAUVE !
YO !
YO !
CLAP
CLAP
J'VEUX BIEN TENDRE LA MAIN MAIS PAS LA DEUXIÈME JOUE !
IL RESTE DU CHEMIN POUR QU'ON PARLE DE NOUS !

FAUT QU'ÇA ROULE POUR MOI CAR JE N'AI PAS LE CHOIX AVEC MES ROUES MOTRICES CH'UIS L'INFIRME DE SERVICE
UN GENRE DE GUÉRIDON QU'ON LAISSE À L'ABANDON CELUI QUI RESTE LÀ MAIS NE MARCHE PAS AU PAS !
TROP FORT ED !
TOP !
YEAH ! ON EST LES MIEUX !
COOL !
GRAVE !
C'EST GÉNIAL LES GARS ! MAIS MAINTENANT IL FAUT VOUS TROUVER UN NOM DE SCÈNE !
OUI ! T'AS RAISON KATY ! POURQUOI PAS "LES ZARBIS" ?
OU "LES RAP-AS" ?
"LES COOL RAOUL" !
"LES WHITE CANES"
"LES KIF-KIF" !
JE CROIS QUE J'AI UNE MEILLEURE IDÉE ... TENEZ ! METTEZ-VOUS CES SERVIETTES SUR LE DOS ...
PARFAIT !
ET MAINTENANT LADIES AND GENTLEMEN, VOICI ...
"LES BANDITS CAPÉS" !!
TOP !
COOL !
YEAH !
GRAVE !
TROP L'KIF !
ZAK et GEG

... DE CETTE ALLÉE VICTOR HUGO QUI RETROUVE ENFIN SA SPLENDEUR D'ANTAN !
ET C'EST AVEC ÉMOTION QUE JE RENDS CE FLEURON DE NOTRE CITÉ À SES HABITANTS ...
MESDAMES ET MESSIEURS, JE VOUS INVITE MAINTENANT À PARCOURIR AVEC MOI CE NOUVEL ESPACE RESTAURÉ QUI NOUS EST OFFERT !
VOUS REMARQUEREZ QUE LE STYLE HAUSMANN A ÉTÉ SCRUPULEUSEMENT RESPECTÉ ET C'EST DANS LE GRANIT LE PLUS PUR QUE SONT TAILLÉS CES PAVÉS SUR LESQUELS NOUS MARCHONS.
ALLÉE VICTOR HUGO
L'ENFER EST PAVÉ DE BONNES INTENTIONS !
Zidrou GEG

SING
Buddy Club
MFF!
GNNNN
POUSSER
OUCH!
OUCH!
Buddy Club
HHAAA
HHH
HHH
AAARRR
HA! TE VOILÀ, ED!
DOMMAGE! T'ARRIVES À LA FIN DE LA SÉANCE !!!
T'INQUIÈTE... POUR LA MUSCU, J'AI EU MA DOSE!
ARF! TU LA JOUES "PETITS BRAS", ED ...

CINÉ 2000
Ghost
LÉO LU
Blub Blub
CAISSE
HO NON! C'EST LA GROSSE VACHE QUI TIENT LA CAISSE!
ON EST FOUTUS!
CAISSE
-10 ANS
NAN! C'EST PAS DE TON ÂGE!
C'EST SÛR! ON RENTRE PAS!
Y'A UN MINIMUM DE RESPECT À AVOIR!
TENUE CORRECTE
TOI, C'EST 2 PLACES PAYANTES!
GRAVE!
Y'A PU DE 1ER RANG!
T'FAÇONS C'EST PAS POUR TOI LE CINÉMA!
C'EST PAS L'KIF!
IL N'Y A QUE TOI ED! TU ES NOTRE SAUVEUR!
HÉLÀ! NON! NON... JE...
SOIS COOL, ED!
S'IL TE PLAÎT!
PLiiiiZ!
RHAAALALA! BON OK! J'Y VAIS!
MERCI ED! T'ES SUPER!
TIENS MON PAUVRE PETIT (SNIF...) VOILÀ TON TICKET...
MERCI MADAME...
SI C'EST PAS MALHEUREUX...
JE VOUS PRÉVIENS, C'EST LA DERNIÈRE FOIS! JE NE SUPPORTE PLUS SA PITIÉ!!
T'ES UN CHEF, ED!

GRRR! IMPOSSIBLE D'ATTRAPER LES RAVIOLIS!
ÇA Y EST? VOUS VOUS DÉCIDEZ?
?
Z'ÊTES PAS TOUT SEUL JEUNE HOMME!
BON! BAH TANT PIS! JE VAIS PRENDRE DU CASSOULET ...
10 €
TRUC
ÉVIDEMMENT, ÇA SE CROIT TOUT PERMIS...
TIP TIP TIP
VOUS AVEZ OUBLIÉ DE PESER VOS CAROTTES...
PSSS...
TANT PIS!
DONNEZ-LES À MADAME! ÇA LA RENDRA PEUT-ÊTRE AIMABLE!

TIENS ! VOILÀ ED QUI SORT D'UNE SÉANCE ...
Salle 1 : Acc
PROCHAINEMENT WARS
AIMER à tout prix
QUOI !? T'AS ÉTÉ VOIR CE NAVET ?
AIMER à tout prix
OUAIS !
MAIS POURQUOI ?
Jacques Delacour YVES de Brive
AVEC TOUT LE CHOIX QU'IL Y A !
LE FILM AUX 36 CÉSARS Écoute Pousser mes Cheveux
LE FILM DU SIÈCLE PAR TÉLÉRAMA
PARCE QUE MOI ...
XORG ça mord !
LÉO et LU FONT DU SKI !
ENFIN EN FILM !
Salle 2
Salle 3
Salle 4
Salle 5
... JE N'AI PAS LE CHOIX !
Salle 5
Salle 2
Salle 3
AIMER à tout prix
GRANDE SALLE Son Dolby stereo
Salle 1 ACCÈS HANDICAPÉS
Salles 4 et 5
Salles 2 et 3
PROCHAINEMENT Wars of Mars
PROCHAINEMENT Wars of Mars

OH, ED...
COMME C'EST ROMANTIQUE...
KATY ?
OUI ED ?
NON NON... RIEN...
?
L'AMOUR SE DÉCLARE À GENOUX, ET ÇA, JE NE POURRAI JAMAIS...
MAIS, ED...
TU N'AS QU'À DÉCLARER : " JE, NOUS " !
Jak et GEG

HÉÉÉ ! MAIS T'AS DES ROUES TOI AUSSI ?!
ARF!
C'EST HECTOR, LE CHIEN DE MONSIEUR PAGANI ...
C'EST GÉANT CE TRUC !
ET QU'EST-CE QU'IL A EXACTEMENT ?
OH UN PROBLÈME À L'ARRIÈRE-TRAIN ...
IL EST PARALYSÉ
LE VÉTÉRINAIRE VOULAIT LE PIQUER, MAIS MONSIEUR PAGANI N'A PAS VOULU !
OUAIS, MES PARENTS NON PLUS ...
ON L'A ÉCHAPPÉ BELLE, HEIN, HECTOR ?
ARF!

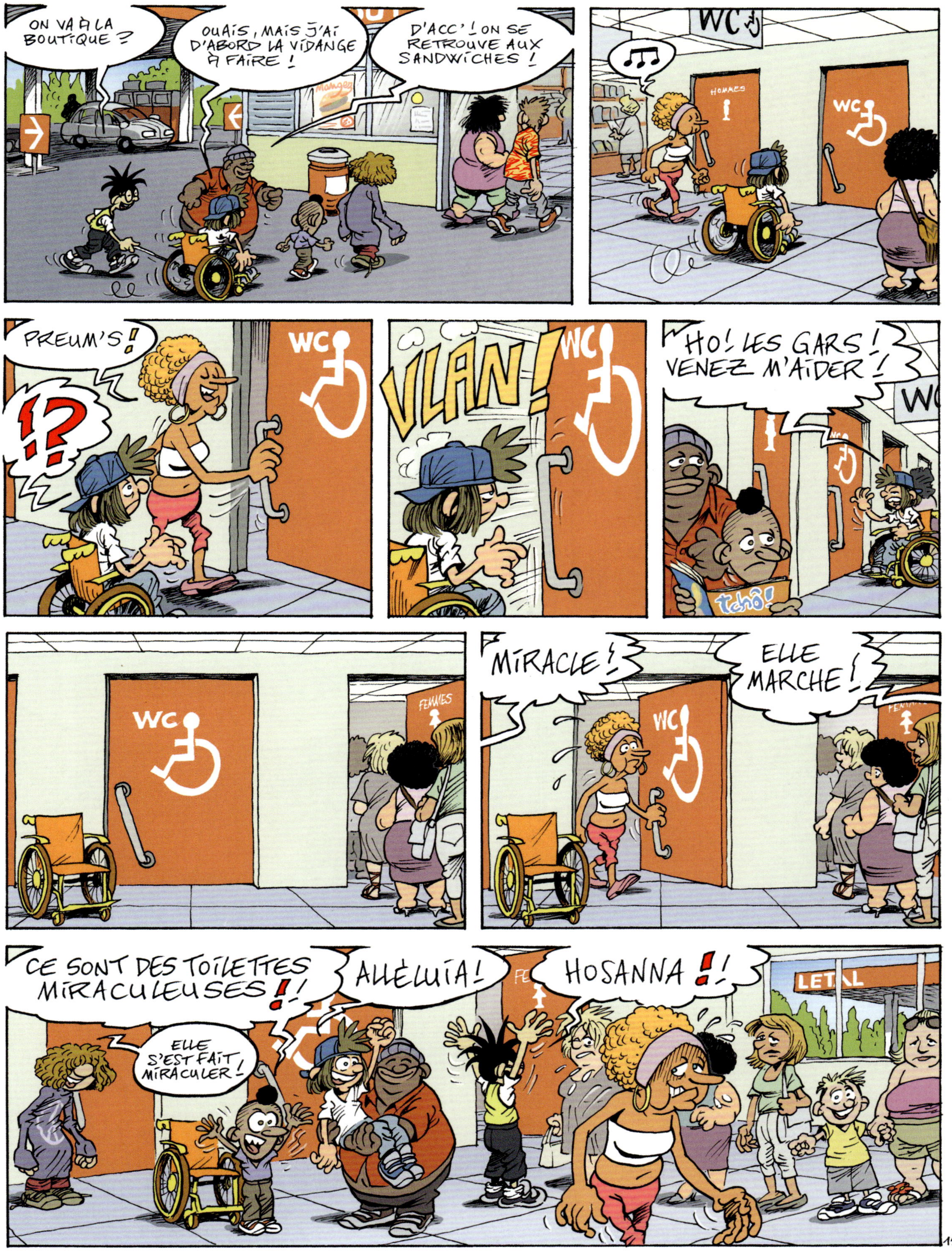
ON VA À LA BOUTIQUE ?
OUAIS, MAIS J'AI D'ABORD LA VIDANGE À FAIRE !
D'ACC' ! ON SE RETROUVE AUX SANDWICHES !
WC
HOMMES
WC
PREUM'S !
!?
WC
VLAN !
WC
HO ! LES GARS ! VENEZ M'AIDER !
Tchô!
WC
FEMMES
MIRACLE !
ELLE MARCHE !
WC
CE SONT DES TOILETTES MIRACULEUSES !!
ALLÉLUIA !
HOSANNA !!
ELLE S'EST FAIT MIRACULER !
LETAL
15

TU FAIS DU BOUDIN, EUGÈNE ?
NON, C'EST DU MONET, CLAUDE...
QU'EST-CE QUI NE VA PAS MON GRAND ?
BOAF ! J'AI LE MORAL DANS LES CHAUSSETTES...
J'EN AI MARRE D'ÊTRE CLOUÉ DANS CE FAUTEUIL !
ARF ! J'TE COMPRENDS ! POUR MOI NON PLUS C'EST PAS TOUJOURS DRÔLE D'ÊTRE UN DOUBLE XL !
LA DIFFÉRENCE, SAM, C'EST QUE TOI, TU PEUX CHANGER...
MOI, MES JAMBES RESTERONT TOUJOURS DES NATURES MORTES !
D'ACCORD ! MAIS AU-DESSUS, C'EST DE L'IMPRESSIONISME ET DANS TA TÊTE, Y'A DU FAUVISME ! C'EST POUR ÇA QU'ON T'AIME !
EXCUSE-MOI VIEUX, JE PEINS TOUT EN NOIR CE SOIR...
T'INQUIÈTE... DEMAIN, ÇA SERA TA PÉRIODE BLEUE...
ALORS LES ARTISTES, ON FAIT BANDE À PART ?
L'IMPORTANT, C'EST QUE NOUS, ON PEUT SE VOIR EN PEINTURE !!
40

LES CAPÉTIENS ONT PRIS LEUR NOM DE HUGUES CAPET, QUI FUT LE PREMIER ROI DE LA DYNASTIE.
Les capétiens :
Hugues Capet
SI ÇA SE TROUVE, DANS CETTE CLASSE, IL Y EN A QUI DESCENDENT DES CAPÉTIENS !
OUI ! MOI !
TOI, ED ?!
OUI, MOI !
MAIS MOI, JE NE DESCENDS PAS DE LA BRANCHE D'HUGUES CAPET !
JE DESCENDS DE CELLE D'ANDY !
?

C'EST SYMPA DE LA PART DE CARL DE NOUS INVITER À SON BAL COSTUMÉ !!!
OUAIS !!!
MAIS IL AURAIT PU INVITER MA BANDE, QUAND MÊME !
C'EST LÀ
JE CROIS BIEN QUE ÇA VA ÊTRE SANS MOI...
...JE NE POURRAI JAMAIS FRANCHIR CETTE ALLÉE DE GRAVIERS...
SALLE MUNICIPAL
JE VAIS ALLER CHERCHER DES GARS POUR TE PORTER...
NON ! ATTENDS, KATY !
VIENS AVEC MOI, J'AI UNE MEILLEURE IDÉE !
ÇA TE DIRAIT D'ÊTRE UNE GRANDE REINE ?

PLUS TARD...
KROUCH
KROUCH
KROUCH
KROUCH
KROUCH
FAITES PLACE À...
CLÉOPATRE ...
... ET JULES CHAISARD !
ET LEUR ESCORTE !

NON MAIS VOUS VOUS RENDEZ COMPTE QU'IL Y A PLUS DE 3 MILLIONS DE CHÔMEURS !!
ON S'EN FOUT, NOUS ...
ON NE SERA PAS TOUCHÉS PAR LE CHÔMAGE !
HA BON ? ET POURQUOI ÇA ?
BEN Y'A UNE LOI QUI IMPOSE AUX ENTREPRISES UN QUOTA DE 6 % D'HANDICAPÉS !
MOI, JE SUIS BON POUR L'ACCUEIL...
TU RIGOLES DES GENOUX ? T'AS PAS ASSEZ DE POUMONS !
TOI SAM, TU SERAS AGENT DE SÉCURITÉ ! MAIS IL FAUDRA PAS QUE TU BOUCHES L'ENTRÉE !
HÉ ! HÉ ! HÉ !
OUAIS... ET TOI, JE TE VERRAIS BIEN EN AGENT D'ENTRETIEN !
TU VEUX DIRE TECHNICIEN DE SURFACE !
C'EST ÇA ! MAIS TOI, ÇA SERA POUR LES PETITES SURFACES...
COMME LES TOILETTES ...
MOI, JE SERAI PHYSIONOMISTE !
MOI, JE SERAI COURSIER EN SKATE !
ON N'A PLUS QU'À MONTER NOTRE BOÎTE ...
ET FAIRE EXPLOSER LES QUOTAS !
13

J'AI VU UN DOCU À LA TÉLÉ HIER SOIR ... VOUS SAVEZ CE QUE LES SPARTIATES FAISAIENT DES HANDICAPÉS ?
NON ...
ILS LES JETAIENT DANS DES PRÉCIPICES !!
AU MOYEN-ÂGE, ON LES MONTRAIT COMME DES MONSTRES DANS LES FOIRES !
AU 19ÈME ET AU 20ÈME SIÈCLE, ON LES ENFERMAIT DANS DES ASILES !
ET AUJOURD'HUI, LES ENTREPRISES NOUS EMBAUCHENT !
HOHO
HÉHÉ
HAHA
MAIS CHUT... FAUT PAS TROP LE DIRE ...
TOUT LE MONDE VA VOULOIR ÊTRE HANDICAPÉ !
HOHO
HIHI
HÉ HÉ
HA HA

Barbapapa Victor
TIR
LOTS
PAN!
ON SE FAIT UN P'TIT TOUR DE GRAND 8 ?
Billets
INTERDIT AU MOINS 1m3
SANS MOI LES GARS... J'AI PAS LA BONNE TAILLE !
ET UNE SÉANCE DE TIR À LA CARABINE ?
C'EST SÛR SAM ! JE VAIS FAIRE UN CARTON !
EXCUSE CHANG...
OUAIIIS ! LES AUTOS TAMPONNEUSES !
COOOOL !
JE NE RENTRE PAS DEDANS !
OU SI T'Y RENTRES, T'EN SORS PLUS !
ÇA Y EST ! J'AI TROUVÉ !!
LES MIROIRS MAGIQUES !
TROP !
COOL !
GRAVE !
TOP !
les miroirs déformants
on se gondole
Entrée
BILLETS
enfants = 1€
adultes = 2€
étudiants = 0,50€
Pliés de Rire

HA HA HA!
HÉHEHÉ!
HI HI HI
HO HO! HO!
HA! OUAAH HA! HA!
HÉHEHÉ!
HA HA HA!
HA! HA!
HI! HI!
HÉ!
HI! HI!
HÉ! HÉ! HÉ!
HI! HI! HI!
?
SORTIE
?
Hilarant
SORTIE
Zidrou et GEG

C'EST SUPER DE M'EMMENER DANSER À CETTE TEUF, ED !
NORMAL, KATY, TU ES MA JOLIE CENDRILLON...
HOPOPOP ! OÙ TU VAS MON BONHOMME ?
BEN... À LA TEUF, VIEUX !
BEN NON ! PARCE QUE C'EST RÉSERVÉ AUX VRAIS DANSEURS, PAS AUX DANSEURS À ROULETTES !
ICI, ON JOUE PAS AUX CHAISES MUSICALES ALORS DÉGAGE !
LA DEMOISELLE, ELLE, ELLE PEUT RENTRER...
ÇA M'F'RAIT MAL !
T'EN FAIS PAS KATY, VIENS, J'AI UNE IDÉE...
1 HEURE PLUS TARD...
QU'EST-CE QUI T'EST ARRIVÉ MAN ?
TRIPLE FRACTURE OUVERTE !
AÏE ! DUR !
J'ME SUIS VIANDÉ EN BÉCANE DANS UN VIROLO À 45 DEGRÉS ! J'ÉTAIS À DONF' LA POIGNÉE DANS LE COIN, J'TE RACONTE PAS !
HALALA ! T'AS DÛ MORFLER !
SÛR...
ALLEZ CHAMPION RENTRE ! Y'A PAS DE RAISON QUE TU T'AMUSES PAS !
QUEL ABRUTI...
ZZKETGEG

HHAAFFUU! C'EST QUAND MÊME VACHEMENT HANDICAPANT D'ÊTRE GROS! HAAFFUU! SURTOUT DANS LES ESCALIERS!
TU CROIS QUE C'EST MIEUX D'ÊTRE PETIT AVEC CHAQUE MARCHE À ESCALADER?
QU'EST-CE QUE JE DEVRAIS DIRE MOI?!
SI VOUS VOULEZ CHANGER DE PLACE AVEC MOI, JE SUIS D'ACCORD!
TIP TIP TIP TIP
ASSEYEZ-VOUS, LES ENFANTS!
MERCI, C'EST DÉJÀ FAIT...
VOICI UN NOUVEL ÉLÈVE QUI VA INTÉGRER NOTRE CLASSE!
PRÉSENTE-TOI, MON BONHOMME... COMMENT T'APPELLES-TU?
ISMAËL BEN KROSNIKOFFSKY
SACRÉ HANDICAP, HEIN?!!
OUAIS! LOURD À PORTER!!!
ON SE SENT TOUT PETIT!!!
JAK ET GEG

AU FAIT, IL EST QUELLE HEURE ?
BIENTOT 22 H30 !!!
MINCE !
LE FILM DU SOIR EST TERMINÉ !!!
ET ALORS ? POURQUOI TU METS DES GANTS ?
BEN, C'EST L'HEURE OÙ ON SORT LE CHIEN !
ET PUIS QUOI ? JE VOIS PAS LE RAPPORT ?!
EN PLUS, T'AS PAS DE CHIEN, TOI !
MOI, NON...
...MAIS JE PROFITE LARGEMENT DE CEUX DES AUTRES !
GNNNN
CHLiirPL
MF
PT

JOUETS
GRRMMBL
VOUS ME TROUVEZ DIFFÉRENT HEIN?!
EH BEN MOI, JE VOUS TROUVE TOUS PAREILS !!

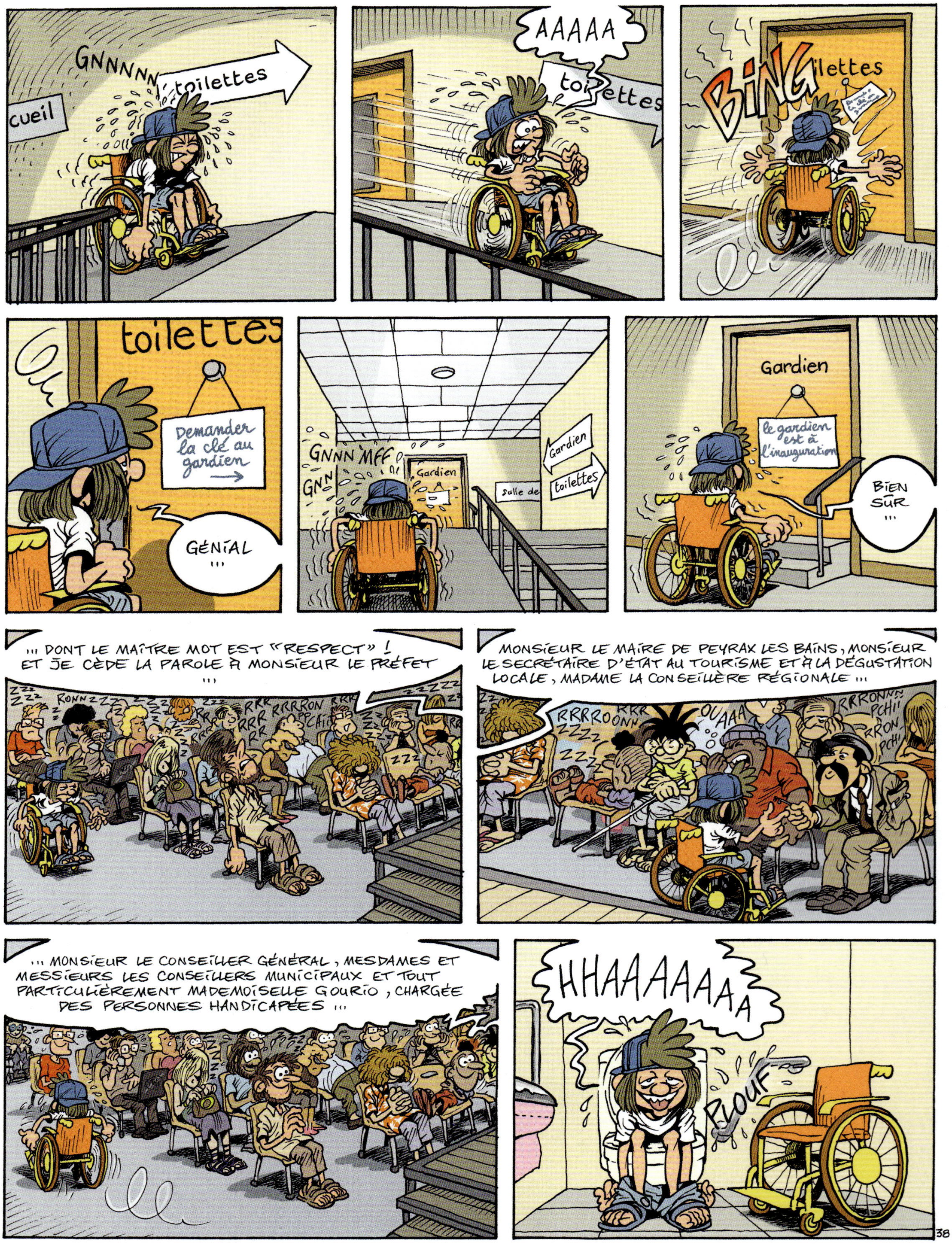
GNNNNN
toilettes
cueil
AAAAA
toi ettes
BING
lettes
toilettes
Demander la clé au gardien →
GÉNIAL ...
GNNN MFF
GNN
Gardien
salle de
Gardien
toilettes
Gardien
le gardien est à l'inauguration
BIEN SÛR ...
... DONT LE MAÎTRE MOT EST "RESPECT" ! ET JE CÈDE LA PAROLE À MONSIEUR LE PRÉFET ...
MONSIEUR LE MAIRE DE PEYRAX LES BAINS, MONSIEUR LE SECRÉTAIRE D'ÉTAT AU TOURISME ET À LA DÉGUSTATION LOCALE, MADAME LA CONSEILLÈRE RÉGIONALE ...
RRRROONN
OUAAA
... MONSIEUR LE CONSEILLER GÉNÉRAL, MESDAMES ET MESSIEURS LES CONSEILLERS MUNICIPAUX ET TOUT PARTICULIÈREMENT MADEMOISELLE GOURIO, CHARGÉE DES PERSONNES HANDICAPÉES ...
HHAAAAAAAA
PLOUF

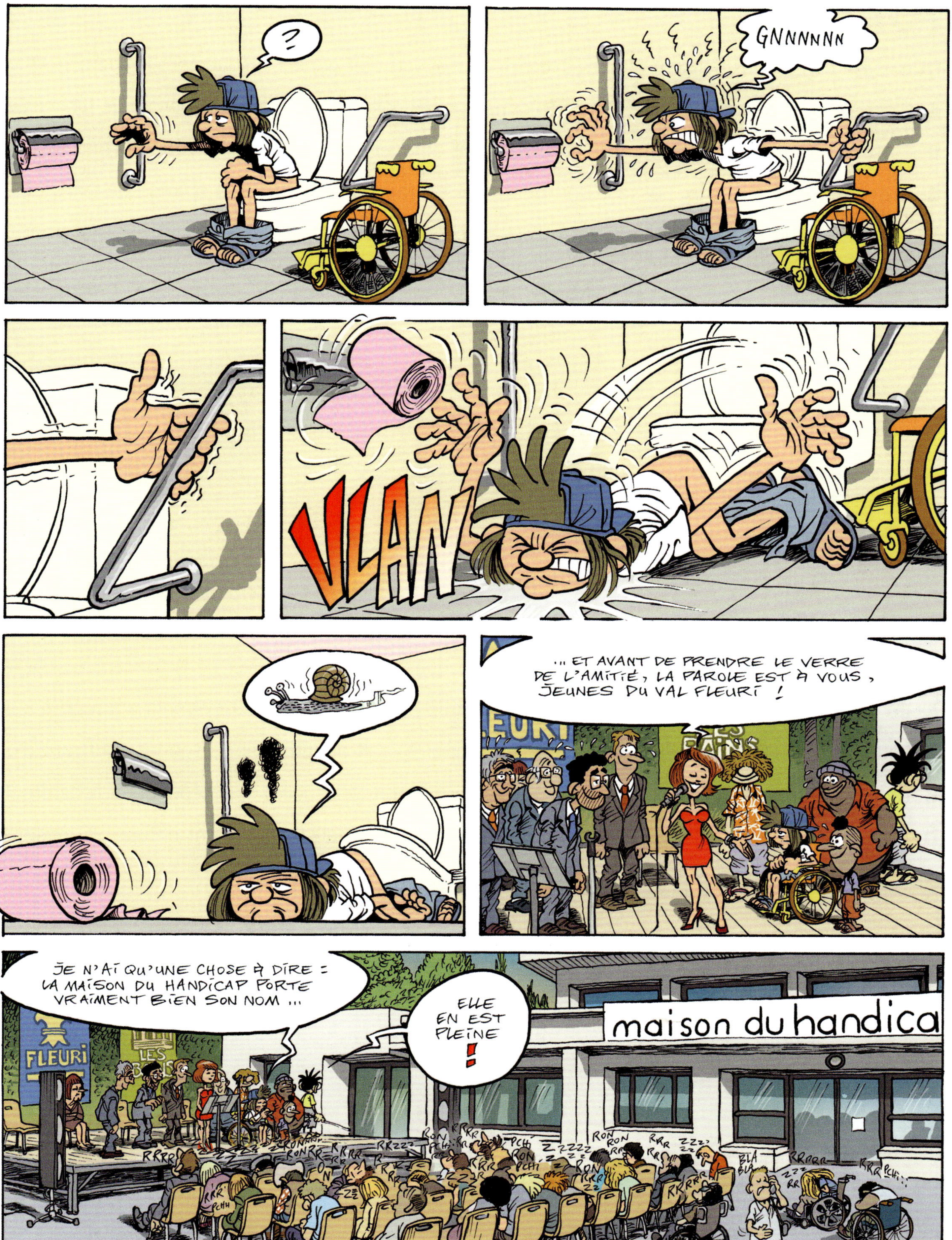
?
GNNNNNN
VLAN
... ET AVANT DE PRENDRE LE VERRE DE L'AMITIÉ, LA PAROLE EST À VOUS, JEUNES DU VAL FLEURI !
JE N'AI QU'UNE CHOSE À DIRE : LA MAISON DU HANDICAP PORTE VRAIMENT BIEN SON NOM ...
ELLE EN EST PLEINE !
maison du handica

QUIZZ

Question 1 : Certains pensent que les trottoirs en mauvais état gênent uniquement les personnes en fauteuil roulant. D'après vous :

A- C'est exact et cela représente si peu de gens que les collectivités n'ont pas besoin de lancer des travaux d'accessibilité extrêmement onéreux.

B- C'est faux, cela nuit également au déplacement des personnes à mobilité réduite (malvoyants, non-voyants, personnes âgées, mamans avec des poussettes…).

C- Grâce aux trous et aux bosses, une personne en fauteuil roulant a la chance de faire de la musculation gratuitement.

D- L'amélioration de l'accessibilité contribue au confort de TOUS les citoyens et est une priorité absolue. (Vite, il n'est jamais trottoir pour bien faire !)

Réponses : **B** et **D**

(NB : la réponse **C** est fort sympathique, mais du matin au soir, les personnes en fauteuil font déjà des efforts physiques… Pas toujours payants !)

Question 2 : Dans les lieux publics, il est encore fréquent de ne pas trouver de W.C adaptés pour les personnes en situation de handicap. D'après vous :

A- Ce n'est pas si grave, les personnes en situation de handicap doivent simplement apprendre à se retenir.

B- La loi en vigueur exige qu'au moins un des sanitaires soit adapté aux personnes souffrant d'un handicap.

C- La signalétique des toilettes doit être doublées (ex : sonore + visuelle) pour répondre aux différents types de handicap.

D- Non seulement les toilettes adaptés sont une obligation, mais ils devraient diffuser la musique préférée de chaque utilisateur en situation de handicap.

Réponses : **B** et **C**

(NB : la réponse **D** est attrayante mais les personnes en situation de handicap n'en demandent pas tant… Leur lecteur MP3 personnel fera l'affaire !)

QUIZZ

Question 3 : Quand elle n'est pas malveillante, la vision du handicap demeure trop souvent lourde de préjugés. D'après vous, pour changer le regard sur le handicap :

A- Chacun de nous doit accepter le droit à la différence, essayer de comprendre la situation de l'autre et apprendre à le connaître.

B- Il suffit d'offrir une paire de lunettes roses à toutes les personnes valides.

C- Nous devons prôner le vivre-ensemble et développer au quotidien de vrais comportements citoyens.

D- Il ne faut surtout pas réduire une personne à son handicap car réduire quelqu'un, c'est se montrer soi-même très limité.

Réponses : **A**, **C** et **D**

(NB : La réponse **B** est surréaliste mais sur simple demande, les ESAT se feront un plaisir de fabriquer les millions de lunettes roses nécessaires !)

Question 4 : La discrimination à l'entrée des discothèques touche également les personnes en situation de handicap. D'après vous :

A- C'est normal car une personne en situation de handicap n'a pas le droit de s'amuser.

B- Le comportement vis-à-vis des personnes « différentes » est paradoxal : d'un côté, on aime les mettre en boîte, de l'autre on leur refuse l'entrée en discothèque !!!

C- Une personne en fauteuil a le droit d'entrer en discothèque, à condition de laisser son fauteuil au vestiaire.

D- C'est inadmissible et puni par la loi. D'ailleurs, le Défenseur des droits est là pour de veiller à la protection des droits et des libertés et de promouvoir l'égalité.

Réponse : **D**

(NB : La réponse **B** est également valable mais elle est trop fine pour être comprise par les gens qui discriminent !)

Fiche pratique N°1 / Connaissance du handicap

Ce que dit la loi :
"Constitue un handicap, au sens de la présente loi, toute limitation d'activité ou restriction de participation à la vie en société subie dans son environnement par une personne en raison d'une altération substantielle, durable ou définitive d'une ou plusieurs fonctions physiques, sensorielles, mentales, cognitives ou psychiques, d'un polyhandicap ou d'un trouble de santé invalidant."

Les chiffres

15% de la population mondiale souffre d'un handicap.

Plus de **10 millions** de personnes sont touchées par un handicap en France.

Les différentes familles de handicap :

Moteur

Difficultés pour se déplacer, conserver sa position ou en changer, prendre et manipuler, effectuer certains gestes sont les expressions possibles d'un handicap moteur. Des troubles du langage, des troubles cognitifs peuvent également s'ajouter, on les dit « troubles associés».

Visuel

Il concerne les personnes aveugles (cécité totale), mais aussi, et dans la majorité des cas, les personnes malvoyantes (cécité partielle).

Auditif

Comme pour le handicap visuel, la surdité totale est rare, la plupart des personnes concernées possèdent des «restes auditifs» que des prothèses ou appareils auditifs amplifient. Selon les cas, ce handicap s'accompagne ou non, d'une difficulté à prononcer distinctement les mots.

Intellectuel

Il se traduit par des difficultés plus ou moins importantes de réflexion, de communication, de décision, etc... Ce handicap ne peut être soigné, mais peut être compensé par des aides.

Psychique

Il est difficile d'en donner une définition exhaustive, mais celui-ci se traduit par des troubles du comportement: repli sur soi, difficulté à communiquer, agressivité, etc ... C'est un handicap évolutif qui doit être accompagné par des aides humaines et psychologiques.

Maladies invalidantes

Il inclut toutes les maladies respiratoires, digestives, parasitaires, infectieuse (diabète, sida, hémophilie, cancer, hyperthyroïdie...). Elles peuvent être momentanées, permanentes ou évolutives.

Fiche pratique N°1 / Connaissance du handicap

Zoom sur le handicap moteur :

Le handicap moteur regroupe une variété de déficiences ou d'affections :
on y retrouve les atteintes neurologiques, les affections musculaires, les amputations, les atteintes ostéo-articulaires... Il peut toucher un membre ou l'ensemble du corps.
La dystrophie musculaire, la sclérose en plaques, la paralysie cérébrale, les lésions de la moelle épinière, les traumatismes crâniens, les amputations, l'arthrite et les troubles du dos sont quelques exemples de handicaps moteurs.

Des origines diverses :

Les origines des déficiences motrices sont diverses, de même que leur moment d'apparition, leur durée, leur intensité ou leur évolution. Les niveaux de mobilité et de motricité de la personne sont donc liés à ces éléments, et indiquent son degré d'autonomie et par conséquent celui des aides spécifiques à apporter.

Chaque handicap moteur entraîne différents niveaux de difficultés physiques dont les conséquences varient d'une personne à l'autre. En pratique, les personnes atteintes d'un handicap moteur ont une aptitude limitée à se déplacer, à exécuter des tâches manuelles ou à participer à certaines activités. Les causes de déficiences motrices sont innombrables et ne sauraient toutes, même succinctement, être abordées ici.
Afin d'apporter un éclairage il est toutefois possible de répertorier les affections invalidantes selon leur mécanisme général de survenue, leur aspect le plus visible.

On peut ainsi distinguer :

1) Les handicaps congénitaux :

Un handicap est dit congénital s'il est visible ou dépisté dès la grossesse ou la naissance (ex : infirmité motrice cérébrale). Il peut être causé par :

-Une malformation :
Une malformation est un trouble de l'ontogenèse, c'est-à-dire du développement de la fécondation à la maturité : elle survient par définition chez l'embryon ou le fœtus.
Une malformation est donc toujours congénitale, même si ses conséquences peuvent ne se révéler qu'après la naissance. Exemples : micro-cépahalie (malformation crânio-cérébrales), spina bifida (malformation vertébro-médullaires)

-Une maladie :
On désigne handicaps par maladie ceux dont l'origine n'est ni une malformation ni une blessure traumatique. NB : Les maladies peuvent être congénitales (ex : achondroplasie) ou acquises, héréditaires ou non.

2) Les handicaps acquis :

Un handicap est dit acquis si sa révélation survient après la naissance (chez le nourrisson, l'enfant ou l'adulte). Il peut être causé par :

-Un traumatisme :
Les handicaps traumatiques sont dus à des blessures accidentelles (traumatismes extérieurs). Exemples : traumatismes crâniens, traumatismes médullaires (blessés médullaires entraînant des paraplégies ou des tétraplégies traumatiques).

-Une maladie :
Exemples : Accidents Vasculaires Cérébraux, poliomyélite, sclérose en plaques...

-Le vieillissement :
Les handicaps par vieillissement sont généralement dus à des traumatismes (chutes...) ou des maladies (accidents vasculaires...) plus fréquents à un âge avancé, mais la fatigabilité et la perte de force liées à l'âge aggravent souvent la perte d'autonomie due à un handicap antérieur.

Les chiffres

1 500 000 personnes environ sont touchées par un handicap moteur en France.

Soit **2,5%** de la population totale

Fiche pratique N°2 / La loi du 11 février 2005

pour l'égalité des droits et des chances, la participation et la citoyenneté des personnes handicapées

Accès aux droits fondamentaux. Ce que dit la loi :

"Toute personne handicapée a droit à la solidarité de l'ensemble de la collectivité nationale, qui lui garantit, en vertu de cette obligation, l'accès aux droits fondamentaux reconnus à tous les citoyens ainsi que le plein exercice de sa citoyenneté."
"L'État est garant de l'égalité de traitement des personnes handicapées sur l'ensemble du territoire et définit des objectifs pluriannuels d'actions."

Les chiffres

100
MDPH en France.

2015
C'est l'échéance pour une France accessible à tous.

30
heures par mois: c'est le temps maximum financé par la PCH pour la participation à la vie sociale.

Plus belle la loi !

La loi du 11 février 2005 est l'une des principales lois sur les droits des personnes handicapées, depuis la loi de 1975 peu ou pas appliquée. Elle définit en premier lieu ce qu'on entend par handicap [cf. fiche 1 : connaissance du handicap] puis introduit une série de dispositions applicables aux différents domaines relatifs au handicap. Mais pour la première fois, la loi inscrivait les personnes en situation de handicap comme des personnes à part entière, des citoyens !

Les domaines d'application :

L'accès aux droits :
Pour permettre ces droits fondamentaux, la loi crée une Maison Départementale des Personnes Handicapées (MDPH) dans chaque département.
Elle a une mission d'accueil, d'information, d'orientation, et de conseil des personnes handicapées et de leur famille. Elle offre un accès unique aux droits et prestations et facilite les démarches dans l'accès à la formation et à l'emploi et à l'orientation vers des établissements et services : une équipe pluridisciplinaire évalue les besoins de la personne handicapée et propose un Plan personnalisé de Compensation du Handicap (PCH).
La Commission des Droits de l'Autonomie des Personnes Handicapées (CDAPH) prend les décisions relatives aux droits de la personne afin de lui permettre de réaliser son projet de vie.

Accessibilité :
Le principe d'accessibilité pour tous, quel que soit le handicap, est réaffirmé.
Les critères d'accessibilité et les délais de mise en conformité sont redéfinis. Ainsi les établissements existants recevant du public et les transports collectifs ont jusqu'en 2015 pour se mettre en conformité avec la loi. Celle-ci prévoit aussi la mise en accessibilité des communes et des services de communication publique.

Droit à compensation :
C'est l'un des piliers de la loi de 2005. La personne handicapée a droit à la compensation des conséquences de son handicap quels que soient l'origine et la nature de sa déficience, son âge ou son mode de vie.
La Prestation de Compensation du Handicap (PCH) peut financer des dépenses liées à un besoin d'aide humaine ou technique, à l'aménagement du logement ainsi qu'à des charges spécifiques ou exceptionnelles.

Fiche pratique N°2 / La loi du 11 février 2005

pour l'égalité des droits et des chances, la participation et la citoyenneté des personnes handicapées

Citoyenneté :
La loi aborde aussi la question du droit de vote des majeurs placés sous tutelle (qui peuvent être autorisés à voter par le juge des tutelles) ainsi que l'accessibilité des bureaux de vote. La question du handicap sera également abordée pendant les cours d'éducation civique à l'école primaire et au collège.

Scolarité :
La principale innovation de la loi dans ce domaine est d'affirmer que tout enfant, tout adolescent présentant un handicap ou un trouble invalidant de la santé est inscrit dans l'école de son quartier. Il pourra ensuite être accueilli dans un autre établissement, en fonction du projet personnalisé de scolarisation mis en place par l'équipe pluridisciplinaire de la MDPH et en accord avec les parents, pleinement associés aux décisions concernant leur enfant.
La loi réaffirme la possibilité de prévoir des aménagements afin que les étudiants handicapés puissent poursuivre leurs études, passer des concours, etc.
La Commission des Droits de l'Autonomie (CDA) fixe le montant de L'Allocation d'Éducation de l'Enfant Handicapé (AEEH) en fonction du taux de handicap de l'enfant. La CDA a également la possibilité d'attribuer un complément d'allocation aux parents isolés.

Emploi :
L'obligation pour les entreprises d'au moins 20 salariés d'employer au moins 6 % de travailleurs handicapés est étendue au secteur public et les sanctions sont désormais plus sévères pour les structures ne respectant pas cette obligation.
Les entreprises qui emploient des personnes lourdement handicapées pourront bénéficier d'une aide à l'emploi ou d'une modulation de leur contribution.

La loi réforme aussi le travail en milieu protégé :
Les ateliers protégés sont renommés Entreprises Adaptées et sortent du milieu protégé. Ce sont désormais des entreprises du milieu ordinaire ayant pour vocation d'employer en priorité des personnes handicapées. La rémunération minimum est basée sur le SMIC.
Dans les Etablissement ou Service d'Aide par le Travail (ESAT) les travailleurs ont droit à une rémunération garantie comprise entre 55 % et 110 % du Smic, cumulable avec l'AAH. La loi améliore les droits aux congés et à la validation des acquis de l'expérience.
En matière de retraite, dans le secteur privé une majoration de pension est créée pour les travailleurs handicapés bénéficiant d'un abaissement de l'âge de la retraite. Dans la fonction publique, les fonctionnaires handicapés répondant à certains critères peuvent partir en retraite anticipée.

Ressources :
La loi a amélioré les possibilités de cumul de l'Allocation Adulte Handicapé (AAH) avec un revenu d'activité et a instauré deux nouveaux compléments:
Le complément de ressources, qui s'ajoute à l'AAH pour les personnes ne pouvant travailler à cause de leur handicap et la majoration pour la vie autonome destinée aux personnes occupant un logement indépendant, en capacité de travailler mais sans activité professionnelle.

Les chiffres

200 000
c'est le nombre d'enfants handicapés scolarisés en milieu ordinaire en France fin 2012.

22%
C'est le taux de chômage des personnes en situation de handicap en France. Il est deux fois plus élevé que pour le reste de la population.

790,18€
C'est le montant mensuel de l'AAH au 01/09/13. À titre de comparaison le seuil de pauvreté est fixé à 945€.

Fiche pratique N°3 / Accessibilité au cadre bâti au logement, à la voirie et aux transports

Ce que dit la loi :

La loi de 2005 a prévu deux grandes obligations pour l'accessibilité à compter du 1er janvier 2015 :

- Les locaux d'habitation, les établissements et installations recevant du public, les lieux de travail doivent être accessibles à tous, notamment aux personnes handicapées, quel que soit leur handicap.
- La chaîne du déplacement (transport, voirie, espaces publics) doit être organisée de façon à permettre l'accessibilité dans sa totalité aux personnes handicapées.

On entend par «accessibilité» la capacité pour un individu d'atteindre les biens, les services ou les activités désirés. On parle d'accessibilité universelle en englobant aussi bien l'accessibilité architecturale au sens ordinaire, l'accessibilité communicationnelle (Internet), relationnelle (qualité de l'accueil), l'accessibilité des produits de consommation courante (ce qui nécessite une implication du secteur industriel) l'accès à la scolarisation, au logement, à l'insertion professionnelle, aux pratiques culturelles et sportives, aux loisirs, etc...
Pour les personnes en situation de handicap, l'objectif de l'accessibilité est de mener une vie ordinaire et autonome. L'accessibilité aux personnes handicapées est un véritable enjeu de société inscrit à l'agenda du gouvernement français depuis 1975 mais non respecté. Heureusement, la loi Handicap du 11 février 2005 doit permettre une avancée majeure en imposant la mise en accessibilité du cadre de vie d'ici à 2015.

L'application concrète de cette loi concerne de nombreux domaines (voirie, transports, aménagements des espaces publics, signalétiques etc.) et implique de prendre en compte une approche globale des grands principes d'accessibilité en considérant toute une chaîne d'actions telles que :

- Se déplacer d'un point à un autre.
- Se repérer, s'orienter, comprendre l'espace.
- Accéder aux bâtiments et locaux (entrer et sortir).
- Accéder et utiliser les équipements, dispositifs et "appareils" correspondant à la finalité du local, du bâtiment.
- Communiquer et participer.
- Se reposer.
- Satisfaire des besoins physiologiques élémentaires (sanitaires...).
- Être et se sentir en sécurité.
- Utiliser et jouir des locaux dans des conditions de commodité et de confort adaptées à leur finalité.

Une telle approche du schéma d'accessibilité débouchera sur la mise en place d'actions permettant d'améliorer :

L'accessibilité des Etablissements Recevant du Public (ERP) :
La loi de 2005 oblige les ERP, notamment les commerces, les restaurants et les hôtels à mettre leurs locaux aux normes pour accueillir les personnes en situation de handicap.
La date limite est fixée au 1er janvier 2015.

L'accessibilité des logements :
La loi de 2005 stipule que, dans un délai de 3 ans, tous les logements existants (sauf maisons individuelles) doivent faire l'objet d'une étude de faisabilité technique et financière de mise en accessibilité.

Fiche pratique N°3 / Accessibilité au cadre bâti au logement, à la voirie et aux transports

L'accès aux sites :
L'accessibilité urbaine participe à la démarche d'accueil de l'équipement culturel. Il est donc essentiel d'effectuer un bilan d'accessibilité des moyens de transport reliant l'institution aux différents quartiers de la ville.
Il est souhaitable de repérer et de signaler un arrêt de transport public à proximité et un parking accessible, d'où l'on peut venir par un trottoir accessible.

Le cheminement :
Une personne ne peut se sentir bien accueillie si l'accès à un bâtiment public est rendu impossible ou difficile par divers obstacles. On doit donc aménager un cheminement lui garantissant la plus grande autonomie possible, quel que soit son handicap. La porte d'entrée du bâtiment doit être accessible et, si l'entrée comporte des marches, il faut prévoir une main courante et une rampe d'accès.

La qualité des revêtements :
Les revêtements de sol sont la source de nombreuses gênes pour les personnes en situation de handicap : les tapis épais et moquettes rendent la circulation en fauteuil mal aisée, les effets d'éblouissement peuvent gêner les personnes souffrant de déficience visuelle, etc... Autant de détails anodins pour une personne valide mais auxquels les responsables d'établissements recevant du public devront veiller.
Les cheminements doivent être en revêtements durs et plats.

Le stationnement :
Un emplacement de stationnement est dit aménagé pour les personnes handicapées lorsqu'il comporte, latéralement à l'emplacement prévu pour la voiture, une bande d'une largeur minimale fixée par l'arrêté. Pour des raisons de sécurité, cet emplacement doit être libre de tout obstacle et protégé de la circulation automobile. Il doit être situé à proximité de l'entrée principale, du hall d'accueil ou de l'ascenseur et relié à ceux-ci par un cheminement accessible.
Les places de parking réservées sont prévues en nombre suffisant et clairement indiquées, aussi, des mesures particulières doivent être prises pour assurer leur respect par les automobilistes.

L'accès aux ascenseurs :
Le fait qu'un bâtiment dispose d'un ascenseur ne le rend pas forcément accessible.
Les ascenseurs doivent ainsi être assez vastes pour être utilisables par des personnes en fauteuil (notamment les fauteuils électriques aux dimensions plus importantes). Les commandes extérieures et intérieures doivent être repérables et utilisables par tous. L'éclairage intérieur de l'ascenseur doit être suffisamment lumineux pour que les personnes malvoyantes trouvent leurs repères. Enfin, des annonces sonores et visuelles des étages et des fonctions constituent de modestes aménagements qui seront utiles à nombre d'usagers.

L'accès aux sanitaires :
Au cinéma, au restaurant et ailleurs, nous utilisons tous les sanitaires collectifs...
Enfin, presque tous... car pour qu'une personne en situation de handicap puisse satisfaire à ce simple besoin naturel, l'un des sanitaires, au moins, doit être adapté selon la réglementation en vigueur. Sa porte doit pouvoir être manœuvrée en toute autonomie, il doit permettre le déplacement des personnes en fauteuil, être équipé de barres d'appui.

La signalétique :
C'est le premier facteur qui permettra ou non un accès facile à tous à un bâtiment. Autant que les valides, les personnes handicapées doivent pouvoir repérer sans difficulté où sont situées les entrées et leur mode d'utilisation (commande manuelle, tourniquet etc...). Face aux différents types de handicap, les signalétiques se doivent d'être doublées (ex : sonores + visuelles) de façon à fournir en un même point toutes les informations nécessaires aux différents publics.

L'accessibilité des transports :
La loi de 2005 donne un délai de 10 ans pour rendre les transports collectifs existants accessibles à tous (sauf les réseaux souterrains) ou 3 ans pour prendre des mesures de substitution.

Fiche pratique N°4 / Scolarisation / Formation / Emploi

Les chiffres

300 000
Enfants handicapés en France. Un tiers est scolarisé dans les institutions spécialisées et les deux autres tiers à l'école ordinaire.

28 000
postes d'auxiliaire de vie scolaire à la rentrée 2013.

30%
C'est l'augmentation prévue des moyens consacrés par l'Education nationale à l'accompagnement des enfants handicapés en 2012.

Scolarisation :

Ce que dit la loi :

La loi du 11 février 2005 pour l'égalité des droits et des chances, la participation et la citoyenneté des personnes handicapées renforce les actions en faveur de la scolarisation des élèves handicapés. Elle affirme le droit pour chacun à une scolarisation en milieu ordinaire au plus près de son domicile, à un parcours scolaire continu et adapté.
Les parents sont de plus étroitement associés à la décision d'orientation de leur enfant et à la définition de son projet personnalisé de scolarisation (P.P.S.).

Dispositifs de scolarisation individuelle :

Les conditions de la scolarisation individuelle d'un élève handicapé varient selon la nature et la gravité du handicap. La scolarisation peut se dérouler sans aucune aide particulière ou faire l'objet d'aménagements lorsque les besoins de l'élève l'exigent. Le maintien de l'enfant en milieu scolaire est un point crucial de la loi de 2005 et pose les bases de l'intégration de chacun, dans une société inclusive.

Les Services d'Education Spéciale et de Soins à Domicile (SESSAD) :

Les équipes des SESSAD (psychologues, orthophonistes, éducateurs spécialisés, enseignants etc...) interviennent au domicile, ou plus généralement, sur le lieu où l'enfant vit et exerce ordinairement ses activités lorsque celui-ci ne peut suivre une scolarité ordinaire de manière temporaire ou plus durable.

Dispositifs de scolarisation collective :

- À l'école élémentaire : les classes pour l'inclusion scolaire (CLIS)
Les classes pour l'inclusion scolaire (CLIS) accueillent des enfants présentant un trouble mental, auditif, visuel ou moteur et pouvant tirer profit d'une scolarisation en milieu scolaire ordinaire. Les élèves reçoivent un enseignement adapté au sein de la CLIS, et partagent certaines activités avec les autres écoliers.

- Au collège et au lycée : les unités localisées pour l'inclusion scolaire (Ulis)
Dans le secondaire, lorsque les exigences d'une scolarisation individuelle ne sont pas compatibles avec leur handicap, les élèves peuvent être scolarisés dans une unité localisée pour l'inclusion scolaire (ULIS). Encadrés par un enseignant spécialisé, ils reçoivent un enseignement adapté.

Matériels pédagogiques adaptés :

La réussite du parcours scolaire d'un élève handicapé peut être conditionnée par le recours et l'utilisation de matériels pédagogiques adaptés. Le matériel à usage individuel est mis à disposition de l'élève dans le cadre d'une convention de prêt.
Depuis la rentrée 2009, les programmes du primaire en braille sont disponibles dans tous les départements.Toutes les initiatives qui visent à rendre les manuels scolaires accessibles sont encouragées, notamment pour exploiter les possibilités offertes par le numérique.

Les aides humaines :

-**Les auxiliaires de vie scolaire "individuels" (AVS-i) :**
Ils fournissent une aide spécifique, dédiée à un seul enfant.
-**Les auxiliaires de vie scolaire "collectifs" (AVS-co) :**
Dans les structures de scolarisation collective (CLIS ou ULIS), l'hétérogénéité des groupes et la complexité des actions éducatives et pédagogiques peuvent rendre nécessaire la présence d'un autre adulte auprès de l'enseignant : ce sont des auxiliaires de vie scolaire "collectifs".
-**Les assistants de scolarisation (ASCO) :**
Déployés depuis la rentrée 2011, ils assurent un accompagnement mutualisé pour les élèves qui peuvent en bénéficier.

Fiche pratique N°4 / Scolarisation / Formation / Emploi

Formation :

Les personnes handicapées ont accès à l'ensemble des actions de formation, dites de droit commun, destinées à l'ensemble des salariés et des demandeurs d'emploi telles que le Droit Individuel à la Formation (DIF), le Congé Individuel de Formation (CIF), et la Validation des Acquis de l'Expérience (VAE).

-Adaptation des actions de formation de droit commun :
Les organismes de formation, en milieu ordinaire ou spécialisé, de même que l'ensemble des acteurs de la formation professionnelle continue (État, collectivités territoriales, établissements d'enseignement publics et privés etc..) doivent mettre en place, pour les personnes handicapées un accueil à temps partiel ou discontinu, une durée de formation adaptée, des modalités adaptées de validation de la formation professionnelle. Les adaptations peuvent être individuelles ou collectives, pour un groupe ayant des besoins. Les personnes qui bénéficient de la qualité de travailleur handicapé peuvent accéder à des actions de formation spécifiques et bénéficier de dispositions spécifiques, notamment en matière de rémunération.

-Formations spécifiques aux travailleurs handicapés : les CRP.
Les centres de rééducation professionnelle (CRP) ont pour mission de faciliter la réinsertion sociale et professionnelle des travailleurs handicapés et de leur assurer une formation qualifiante. Ce sont les seuls, au titre de la formation, à être destinés spécifiquement au public handicapé. La majorité des formations proposées par les CRP débouche sur des diplômes homologués par l'Etat. Les centres de préorientation (parfois intégrés aux CRP) accueillent sur une période de huit à douze semaines les travailleurs handicapés dont l'orientation présente des difficultés particulières.

-Rémunération du stagiaire handicapé par l'Etat ou la Région :
Les personnes handicapées privées d'emploi et ayant exercé une activité salariée pendant 6 mois au cours d'une période de 12 mois (ou 12 mois sur 24), perçoivent une rémunération mensuelle égale à la moyenne des salaires antérieurs pour la période considérée , dans la limite d'un plancher de 644,17 € et d'un plafond de 1932,52 € .
Si ces conditions d'activité ne sont pas remplies ou si le stagiaire, reconnu travailleur handicapé, est à la recherche d'un premier emploi, la rémunération est fixée à 652,02 € /mois.

Les chiffres

90 000

C'est, à peu près, le nombre de personnes handicapées ayant bénéficié d'une action de formation en 2012 en France.

33%

des personnes handicapées suivant un cursus de formation ne bénéficient d'aucun aménagement ni aucune aide.

Les chiffres

30%
C'est la différence de taux d'emploi entre personne en situation de handicap et le reste de la population active

280 000
C'est environ le nombre de travailleurs handicapés en activité en France.

Emploi :

La notion de travailleur handicapé concerne une personne dont les possibilités d'obtenir ou de conserver un emploi sont réduites, du fait d'un handicap.
Depuis 1987, les entreprises de plus de 20 salariés sont tenues à une obligation d'emploi d'au moins 6 % de personnes handicapées. La loi du 11 février 2005 réaffirme cette obligation et l'étend au service public.

Priorité au travail en milieu ordinaire :
La loi handicap affirme le principe de non-discrimination et donne la priorité au travail en milieu ordinaire, en misant sur l'incitation des employeurs. Ainsi les entreprises doivent prendre les mesures appropriées pour permettre aux travailleurs handicapés d'accéder à un emploi ou de conserver un emploi correspondant à leur qualification, ou pour qu'une formation adaptée à leurs besoins leur soit dispensée. Tout ou partie des dépenses supportées à ce titre par l'employeur peut être compensé par des aides.

Des sanctions plus sévères :
Concrètement, les entreprises qui ne respectent pas l'obligation d'emploi de 6% s'exposent à une contribution versée à l'Agefiph (Association nationale pour la Gestion du Fonds pour l'Insertion professionnelle des Personnes Handicapées) plus lourde qu'auparavant (400 à 600 fois le Smic horaire). Elle sera même triplée pour les entreprises n'ayant réalisé aucun effort au bout de 3 ans (soit 13.5000 euros brut).

Faciliter l'insertion professionnelle :
Des aides spécifiques à la recherche d'emploi pour les travailleurs handicapés sont accessibles. Il s'agit notamment de soutiens spécialisés pour la recherche d'emploi.
Différentes aides financières de l'État et éventuellement de la Région sont également prévues pour favoriser l'embauche, l'aménagement du poste de travail, l'accompagnement ou le maintien dans l'emploi et éventuellement, compenser la lourdeur du handicap.
L'Agefiph propose également des services et des aides financières aux employeurs et éventuellement aux travailleurs handicapés.

Passerelles entre différentes structures du milieu ordinaire :
L'Entreprise Adaptée (EA) et le centre de distribution de travail à domicile, entreprises du milieu ordinaire dont la vocation est d'employer majoritairement des salariés handicapés, peuvent mettre à disposition d'une entreprise classique un salarié handicapé pour une durée maximale d'un an renouvelable une fois.

Des réponses spécifiques :
Les ESAT, (Etablissement et Services d'aides par le travail), permettent à une personne handicapée d'exercer une activité dans un milieu protégé si elle n'a pas acquis assez d'autonomie.
Un Esat n'est pas une entreprise mais une structure offrant aux travailleurs handicapés des activités professionnelles et un soutien médico-social et éducatif.
Il doit notamment permettre de maintenir des acquis scolaires et professionnels, et développer l'autonomie.

Fiche pratique N°5 / Discriminations

Les chiffres

2ème

Le handicap est la deuxième cause de discrimination en France (derrière l'origine).

3 000 000

de personnes déclarent avoir fait l'objet d'une discrimination liée à leur état de santé ou leur handicap en France en 2010.

50%

des personnes déclarant avoir été victimes de discrimination sont des jeunes atteints de troubles moteurs

38%

de troubles sensoriels.

Ce que dit la loi :

D'après l'article 225-1 du Code pénal qui définit une liste de 19 critères entrant dans la constitution d'une discrimination : " Constitue une discrimination toute distinction opérée entre les personnes physiques à raison de leur origine, de leur sexe, de leur situation de famille, de leur grossesse, de leur apparence physique, de leur patronyme, de leur état de santé, de leur handicap, de leurs caractéristiques génétiques, de leurs mœurs, de leur orientation sexuelle, de leur âge, de leurs opinions politiques, de leurs activités syndicales, de leur appartenance ou de leur non-appartenance, vraie ou supposée, à une ethnie, une nation, une race ou une religion déterminée. "

Définition :

La discrimination, du latin discriminatio qui signifie séparation, est l'acte de mettre de côté ou de distinguer une personne pour sa couleur de peau, son genre, sa sexualité, sa religion, un handicap, etc. En France, Trois millions de personnes déclarent avoir fait l'objet de discriminations au cours de leur vie à cause de leur état de santé ou d'un handicap.
Cela représente 5 % des personnes de tous âges.
Ces discriminations peuvent être des moqueries, des mises à l'écart, des traitements injustes ou des refus de droit pour raison de santé ou de handicap.

Moqueries et insultes :

Les mises à l'écart frappent plus particulièrement les jeunes atteints de déficiences cognitives évoquées par 64 % d'entre eux. À l'école, les déficiences cognitives ne sont donc pas seulement une source potentielle de difficultés d'ordre scolaire, mais engendre également un fort sentiment d'exclusion.

Discriminations indirectes :

Il s'agit des dispositions, pratiques et autres critères, apparemment neutres, qui entraînent un désavantage particulier pour un groupe de personnes. Ainsi, concrètement, les transports en commun représentent presque toujours un facteur limitant les possibilités des personnes en situations de handicap.

Citoyenneté :

Bien que la discrimination soit un délit puni par la loi, de nombreuses personnes en situation de handicap sont encore victimes de discriminations dans de nombreux domaines de la vie quotidienne: accès à un logement, à un emploi, aux aides et ressources, à un bureau de vote...
Ces discriminations se traduisent souvent par des incivilités : non-respect des emplacements vde parking réservés, gêne causée par les déjections canines, etc...

Le défenseur des droits :

Le Défenseur des droits est une autorité constitutionnelle indépendante. Unique en son genre, elle est chargée de veiller à la protection des droits et des libertés et de promouvoir l'égalité. Elle regroupe les missions du Médiateur de la République, du Défenseur des enfants, de la Haute Autorité de Lutte contre les Discriminations et pour l'Egalité (HALDE) et de la Commission Nationale de Déontologie de la Sécurité (CNDS).
Le défenseur des droits a vocation à identifier les pratiques discriminatoires, et à les combattre. Il conseille pour les démarches juridiques, et contribue à établir la preuve de la discrimination. Il peut se saisir lui-même de toute pratique discriminatoire dont il a connaissance.

Fiche pratique N°6 / Un autre regard

Tous acteurs :

Vivre avec un handicap, qu'il soit de naissance ou qu'il survienne au cours de la vie, reste une épreuve dans la vie quotidienne.

Il faut accepter de ne pas pouvoir mener à bien les tâches quotidiennes parfois les plus simples et naturelles.
Il faut par exemple apprendre à évoluer dans un environnement jonché d'obstacles, car non adapté (franchir une marche en fauteuil roulant, savoir quand traverser pour une personne malvoyante, etc...) et souvent rendu encore plus compliqué par l'incivisme (voitures garées à cheval sur un trottoir praticable en fauteuil, etc...)

Au-delà de ces difficultés, les personnes en situation de handicap doivent également composer, parfois supporter, notre regard, nos attitudes et nos comportements à leur égard.

Une société est une somme d'individualités. L'État, les institutions, les associations peuvent dessiner les contours d'une société inclusive où chaque femme et chaque homme est égal, où chacun à sa chance et est reconnu par ses actes et non sur ce qu'il est (sa nationalité, son aspect physique ou son état de santé).
Mais nous sommes tous les composantes de cette société, nous en sommes les acteurs et il nous appartient de faire d'un principe une réalité.

S'il est évidemment nécessaire d'avoir un cadre législatif de référence et des mesures répressives adaptées, il est désormais primordial et urgent d'inculquer et développer de véritables comportements civiques et citoyens, respectueux de la place de chacun. C'est par une prise de conscience collective que nous pourrons faire passer des actes de "répréhensibles" à "inconcevables et indignes".

Changer cela est à notre portée à tous, il en va de notre responsabilité car c'est aussi cela être citoyen.

Cette fille est brune. C'est un fait, mais est-ce que quelqu'un pourrait penser que cela suffit à la définir ?
Cela ne nous apprend rien de ses goûts, de ses aspirations, de ses passions, de ses savoirs faire, etc...
Nous les découvrirons petit à petit, en la connaissant, en s'ouvrant à elle.

Ce garçon est en situation de handicap, il se déplace en fauteuil roulant. C'est un fait, mais est-ce tout ce qu'il est ? Peut-on le réduire à cela ? En cédant à la peur de la différence, en évitant ou en déconsidérant les personnes handicapées comme c'est quotidiennement le cas, nous répondons par l'affirmative à cette question. Nous résumons une personne à un paramètre.

Le handicap évoque la différence et pour beaucoup d'entre nous la différence fait peur. Pour beaucoup de personnes valides il n'y a pas de volonté délibérée de vouloir mettre qui que ce soit à l'écart, mais face au handicap, on ne sait pas comment réagir.

La réponse est pourtant simple : **comme avec tout le monde.**

L'ABÉCÉDAIRE

A comme **AGEFIPH**
L'Association de Gestion des Fonds pour l'Insertion Professionnelle des Personnes Handicapées a pour objectif de favoriser l'accès et le maintien dans l'emploi des personnes handicapées en milieu ordinaire de travail. Elle perçoit le versement de la contribution annuelle des entreprises privées qui ne respectent pas l'obligation d'emploi du travailleur handicapé.

... comme **AAH**
L'Allocation aux Adultes Handicapés vise à assurer un revenu d'existence aux personnes handicapées, pour faire face aux dépenses de la vie courante. L'AAH est attribuée à partir d'un certain taux d'incapacité, sous réserve de remplir des conditions de résidence, d'âge et de ressources. Le montant de l'AAH est de 776,59€ / mois.

... comme **AMP**
L'Aide Médico-Psychologique est un ou une professionnel(le) particulièrement formé(e) à l'écoute, travaillant dans de nombreuses structures d'accueil pour les jeunes enfants et adultes lourdement handicapés

... comme **AVS**
L'Auxiliaire de Vie Sociale permet le maintien à domicile des personnes âgées ou handicapées. Il veille à leur bien-être et les aide dans les actes de la vie quotidienne. Souvent employé par une association ou une mairie, il travaille en autonomie.

B comme **Bientraitance**
La bientraitance va très au-delà de son contraire, la maltraitance. Attentive aux risques, aux contraintes et aux sources d'inconfort que l'interaction entre le handicap et le milieu scolaire fait peser sur le jeune et ses proches, elle est une démarche globale d'accueil et de soin.

C comme **CDAPH**
Les Commissions des Droits et de l'Autonomie des Personnes Handicapées (CDAPH) ont été créées par la loi du 11 février 2005, elles prennent toutes les décisions concernant les aides et les prestations à la lumière de l'évaluation menée par l'équipe pluridisciplinaire mise en place au sein des MDPHC.

... comme **Carte d'Invalidité**
Peuvent bénéficier de cette carte d'Invalidité les personnes dont le taux d'incapacité permanente est d'au moins 80 %, évalué par la CDAPH ou qui sont titulaires d'une pension d'invalidité de 3ème catégorie. La demande est à effectuer auprès de la MDPH et elle est délivrée, à titre définitif ou pour une durée déterminée par la CDAPH (période renouvelable).

D comme **Droit à Compensation des Conséquences du Handicap**
Le fait d'avoir un handicap ouvre un droit à la personne auprès de l'ensemble de la collectivité afin d'en compenser les conséquences. Ce droit consiste à répondre aux besoins liés au handicap, qu'il s'agisse de l'accueil de la petite enfance, de la scolarité, de l'éducation, de l'insertion professionnelle, de l'aménagement de son logement, de places dans des établissements spécialisés, des aides de toute nature, qu'elles soient humaines ou qu'elles permettent de mettre en œuvre une mesure de protection juridique. Ce droit a été posé en 2002 et défini par la loi du 11 février 2005.

E comme **Enseignant Référent**
L'Enseignant Référent est l'interlocuteur privilégié des parents et des élèves handicapés. Au sein de son secteur d'intervention, il exerce principalement ses missions en application des décisions de la CDAPH et en vue de favoriser leur réalisation. Il veille à la continuité et à la cohérence de la mise en oeuvre du projet personnalisé de scolarisation. Il assure un lien permanent avec l'équipe pluridisciplinaire.

... comme **E.A**
L'Entreprise Adaptée est une véritable entreprise relevant du marché du travail. Le statut des personnes qui travaillent en EA est celui de salarié de droit commun à part entière. Les EA accomplissent leur mission sociale en employant des travailleurs handicapés qui ont une efficience réduite et qui sont en difficulté au regard de l'accès à l'emploi, dans des conditions adaptées à leurs besoins.

F comme **Fonds Départemental de Compensation**
Le Fonds Départemental de Compensation du handicap est géré dans chaque MDPH. Celui-ci est chargé d'accorder des aides financières afin de permettre aux personnes handicapées de faire face aux frais liés à leur handicap restant à leur charge, après avoir fait valoir leur droit à la prestation de compensation.

L'ABÉCÉDAIRE

F comme **F.A.M**
Le Foyer d'Accueil Médicalisé accueille des personnes, comme en MAS, dont le handicap est lourd ou sévère. Les FAM sont destinés à recevoir des personnes handicapées physiques, mentales ou atteintes de handicaps associés dont la dépendance les rend inaptes à toute activité à caractère professionnel et rend nécessaire l'assistance d'une tierce personne pour la plupart des actes essentiels de l'existence ainsi qu'une surveillance médicale et des soins constants. La spécificité de cet établissement est d'être financé à la fois par la Sécurité sociale, pour la partie "soins", et par le département, pour la partie "hébergement".

G comme **Gilles de la Tourette**
Le syndrome de Gilles de la Tourette est une maladie caractérisée par des tics involontaires, soudains, brefs et intermittents, se traduisant par des mouvements (tics moteurs) ou des vocalisations (tics sonores). La cause du syndrome est inconnue mais la contribution d'une susceptibilité génétique n'est pas exclue.

H comme **Hémiplégie**
Il s'agit d'une paralysie qui touche la moitié du corps de manière totale ou partielle. L'hémiplégie est une anomalie touchant l'une des voies nerveuses du système nerveux central (encéphale et moelle épinière). Les voies nerveuses concernées ne transportent plus les messages moteurs volontaires. L'hémiplégie peut être acquise ou congénitale.

I comme **Infirmité Motrice Cérébrale**
Trouble moteur non évolutif dû à une lésion sur le cerveau en maturation qui se manifeste par une paralysie et une impossibilité à commander et à contrôler les mouvements volontaires. Dans certains cas, il existe des troubles associés comme des crises d'épilepsie, des troubles des "praxies", c'est-à-dire de la capacité à penser un geste pour réaliser une action déterminée. L'infirmité motrice cérébrale est une infirmité motrice due à des lésions survenues durant la période péri-natale.

... comme **I.M.E**
Les Instituts Médico-Educatifs accueillent en internat ou en externat des enfants et des adolescents déficients intellectuels, quel que soit leur degré de déficience.

... comme **I.M.P**
Un Institut Médico-Pédagogique est un établissement accueillant des enfants handicapés, le plus souvent à partir de six ans, parfois dès trois ans. Les IMP ont pour mission d'assurer l'éducation la plus adaptée à chacun.

J comme **Jeux Paralympiques**
Les Jeux Paralympiques ont lieu tous les 4 ans à la suite des Jeux olympiques. Ils réunissent des athlètes handicapés de tout pays pour des épreuves handisport. Y participent des athlètes handicapés physiques ou visuels (amputés, aveugles, infirmes moteurs, cérébraux ou en fauteuil roulant, ou tout autre handicap physique) ainsi que les athlètes handicapés mentaux. Ils sont organisés par le Comité international paralympique et non pas par le Comité international olympique

K comme **Krabbe**
La maladie de Krabbe est une forme de leucodystrophie qui se manifeste par des troubles psychomoteurs, des contractures musculaires et une hypersensibilité. Elle est provoquée par un déficit en galactosylcéramidase dans le catabolisme des lipides qui est lui-même causé par la mutation d'un gène situé en 14q31. Elle est généralement diagnostiquée au cours de la première année de vie.

L comme LSF
La Langue des Signes Française est une langue française à part entière. Utilisée pour communiquer avec les personnes sourdes, elle associe un signe à un mot, mais elle s'appuie également sur la lecture labiale, la dactylologie, les mimiques et l'expression du visage.

M comme **MDPH**
Il existe une Maison Départementale des Personnes Handicapées par département sous la direction du Conseil général. Elle a une mission d'accueil, d'information, d'accompagnement et de conseil des personnes handicapées et de leur famille, ainsi que de sensibilisation de tous les citoyens au handicap. Chaque MDPH met en place, entre autres, une équipe pluridisciplinaire qui évalue les besoins de la personne handicapée et une Commission des droits et de l'autonomie des personnes handicapées qui prend les décisions relatives à l'ensemble des droits de la personne.

L'ABÉCÉDAIRE

M M.A.S
Les Maisons d'accueil spécialisées sont destinées à recevoir des personnes handicapées adultes n'ayant pas pu acquérir un minimum d'autonomie et dont l'état nécessite une surveillance médicale et des soins constants. Les frais d'accueil et de soins sont pris en charge au titre de l'Assurance maladie et les personnes qui y sont accueillies sont redevables du forfait journalier lorsqu'elles sont hébergées.

N comme **Naevus géant congénital**
C'est une malformation de la peau, caractérisée par des tâches pigmentées de grande taille, des « grains de beauté » géants. La malformation survient pendant les trois premiers mois de grossesse. Elle est due à un excès de mélanine associé à un développement exagéré des vaisseaux et une augmentation de volume des tissus épidermiques. Le diagnostic se fait dès la naissance.

O comme **Ostéogenèse imparfaite**
Maladie génétique appelée aussi "maladie des os de verre", elle se caractérise par une grande fragilité osseuse ayant pour conséquence la survenue de fractures multiples spontanées pour des traumatismes minimes.

P comme **Polyhandicap**
Le polyhandicap est une atteinte motrice associée à un retard mental sévère. Il conduit à une restriction extrême de l'autonomie. Ses origines sont très diverses et sont inconnues dans 40 % des cas. Les causes postnatales du polyhandicap sont nombreuses : méningite, encéphalite...Les causes prénatales peuvent être liées à des mutations génétiques, à des accidents vasculaires cérébraux prénataux ou encore à des infections (VIH). Il se peut enfin que des problèmes au moment de l'accouchement conduisent au polyhandicap. Le diagnostic se fait entre la naissance et 2 ans.

Q comme **Quota**
Les entreprises de 20 salariés et plus qui ne satisfont pas le quota de 6% de personnes handicapées au sein de leurs effectifs peuvent s'acquitter d'une contribution Agefiph. Pour chaque entreprise, la contribution est calculée en fonction du nombre de personnes handicapées bénéficiaires de l'obligation d'emploi manquant au sein de l'effectif et de la taille de l'entreprise. Si l'entreprise n'a mené aucune action en faveur de l'emploi de personnes handicapées pendant une durée de 3 ans, elle s'expose à une majoration substantielle du montant de la contribution. Celle-ci s'élève dans ce cas à 1500 fois le Smic horaire par salarié handicapé manquant, quelle que soit la taille de l'entreprise.

R comme **RQTH**
La Reconnaissance de la Qualité de Travailleur Handicapé est attribuée par la CDAPH aux personnes handicapées. Selon le code du travail, "Est considérée comme travailleur handicapé toute personne dont les possibilités d'obtenir ou de conserver un emploi sont effectivement réduites par suite de l'altération d'une ou plusieurs fonctions physique, sensorielle, mentale ou psychique." Cette reconnaissance ouvre droit à un certain nombre d'avantages pour la personne handicapée (orientation professionnelle par la CDAPH ou formation, aide des Cap emploi, aides de l'Agefiph ou du Fiphfp, etc.) et pour l'employeur (obligation d'emploi, aide au poste, etc.).

S comme **Spina-bifida**
Forme particulière de paraplégie qui apparaît dès la naissance et qui est due à une malformation des vertèbres lombaires. À la paralysie des membres inférieurs sont associés des troubles sensitifs et sphinctériens.

... comme **SAVS**
Le Service d'Accompagnement à la Vie Sociale, financé par le Conseil général, a vocation à contribuer à la réalisation du projet de vie de la personne adulte handicapée. Pour ce faire, le service doit proposer à la personne un accompagnement adapté favorisant le maintien ou la restauration de ses liens familiaux, sociaux, scolaires, universitaires ou professionnels et lui faciliter l'accès à l'ensemble des services offerts par la collectivité.

L'ABÉCÉDAIRE

S comme **SAAD**
Les Services d'Aide et d'Accompagnement à Domicile concourent notamment à la préservation ou la restauration de l'autonomie dans l'exercice des activités de la vie quotidienne, au maintien ou au développement des activités sociales et des liens de l'entourage. Ces services assurent, au domicile de la personne ou à partir de son domicile, des prestations de services ménagers et des prestations d'aide à la personne. L'ensemble de ces prestations est réalisé par des aides à domicile et notamment des Auxiliaires de vie sociale.

T comme **Tétraplégie**
Également appelée quadriplégie, la tétraplégie est un état de paralysie qui touche les quatre membres du corps. Elle fait suite à une lésion de la moelle épinière au niveau d'une localisation haute située, au dessus de la cinquième vertèbre cervicale, dans la majorité des cas après un traumatisme ou un accident. L'atteinte touche la moelle épinière et la transmission de l'influx nerveux ne se fait plus au niveau des racines nerveuses situées en dessous. La paralysie, représentée par l'impossibilité de fournir un quelconque mouvement, s'accompagne d'une insensibilité au niveau des mêmes zones avec perte de sensation de la douleur, du toucher. Elle provoque un handicap majeur, la personne devenant dépendante pour tous les gestes de la vie quotidienne.

... comme **T.C**
La notion de Traumatisme Crânien ou Traumatisme Cranio-Cérébral (TCC) couvre les traumatismes du neurocrâne (partie haute du crâne contenant le cerveau) et du cerveau.

U comme **UPI**
Les Unités Pédagogiques d'Intégration sont des classes (de 10 élèves maximum) qui accueillent des jeunes handicapés âgés de 11 à 16 ans dans un collège ou un lycée ordinaire. Il existe quatre catégories d'UPI destinées à accueillir des jeunes atteints d'un handicap mental (UPI 1), d'un handicap auditif (UPI 2), d'un handicap visuel (UPI 3) ou d'un handicap moteur (UPI 4). Les objectifs sont l'enseignement adapté au sein de l'UPI mais aussi, selon les élèves, la fréquentation d'une classe « ordinaire », la participation à la vie de l'établissement et aux activités avec les autres élèves. C'est la CDAPH qui oriente l'élève en UPI, sur la base de son projet personnalisé de scolarisation (PPS).

V comme **VACTERL**
Le syndrome du VACTERL est une maladie orpheline caractérisée par des malformations pouvant toucher diverses parties du corps. Chaque lettre de l'acronyme VACTERL correspondant à un organe pouvant être touchés (Vertèbres, Anus, Cœur, Trachée, Œsophage, Reins). L'origine précise n'a pas encore été trouvée, mais une origine génétique est suspectée pour les cas s'accompagnant d'hydrocéphalie (quantité élevée de liquide céphalo-rachidien dans les cavités du cerveau).

W comme **Wilson**
Le syndrome de Wilson est une maladie rare caractérisée par l'accumulation de cuivre dans le foie et le système nerveux central qui entraîne des problèmes hépatiques, neurologiques ou psychiatriques.
Héréditaire, le syndrome de Wilson résulte d'une mutation du gène d'un transporteur de métaux lourds, l'ATP7B porté par le chromosome 13. Il s'agit d'une maladie rare puisque l'incidence estimée en France est de 1 sur 30 000 à 1 sur 100 000 nouveaux cas par an. Le diagnostic se fait pendant le plus souvent pendant l'enfance.

X comme **Xeroderma Pigmentosum**
Le syndrome de Xeroderma Pigmentosum est une maladie rare qui entraîne une hypersensibilité de la peau à la lumière, caractérisée par une hyperpigmentation cutanée dans les parties du corps exposées au soleil. Ces lésions se transforment en tumeurs avec une fréquence 4 000 fois plus élevée que la normale. Cette atteinte s'accompagne parfois d'affections nerveuses et d'anomalies du développement. Le Xeroderma pigmentosum est génétique et héréditaire, il est généralement évoqué dans la petite enfance.

Y comme **Y compris**
Tous les Hommes naissent et demeurent libres et égaux en droits, y compris les personnes en situation de handicap !

Z comme **Z'handicapés**
Le H du mot Handicap est un H aspiré qui empêche la liaison au pluriel. C'est pourquoi, on ne dit pas « les personnes z'handicapées » mais « les personnes handicapées ». Depuis quelques années, on préfère dire « les personnes en situation de handicap ».

Le Test Final

Avez-vous bien assimilé les notions abordées ? Pour vérifier vos connaissances dans le domaine du handicap, répondez à ces 20 questions :

1) Il n'existe que deux familles de handicap : le handicap moteur et le handicap intellectuel.

Faux. On distingue le handicap moteur, le handicap visuel, le handicap auditif, le handicap intellectuel, le handicap psychique et les maladies invalidantes.

2) Aucune loi française n'oblige une entreprise à employer des personnes en situation de handicap.

Faux. La loi du 11 février 2005 fixe à tout établissement privé ou public d'au moins 20 salariés une obligation d'emploi de personnes handicapées, à hauteur de 6% de l'effectif total.

3) 2015 est l'échéance pour une France accessible à tous, notamment les personnes en situation de handicap.

Vrai.

4) Un handicap est dit congénital lorsqu'il est causé par un accident survenu en période de congés.

Faux. Un handicap est dit congénital s'il est visible ou dépisté dès la grossesse ou la naissance.

5) En France, près de 3 200 000 personnes sont touchées par un handicap moteur.

Faux. Environ 1 500 000 personnes, soit 2,5% de la population globale.

6) La création des Maisons Départementales des Personnes Handicapées par département est due à la loi du 11 février 2005.

Vrai

7) Dans un établissement public, les places de stationnement réservées aux personnes handicapées doivent être situées impérativement au milieu du parking.

Faux. Ces emplacements doivent être situés à proximité de l'entrée principale, du hall d'accueil ou de l'ascenseur et reliés à ceux-ci par un cheminement accessible.

8) Dans l'enseignement secondaire, les élèves en situation de handicap doivent impérativement être scolarisés dans une Unité Localisée pour l'Inclusion Scolaire (ULIS)

Faux. En fonction de leur handicap et éventuels troubles associés les élèves peuvent tout à fait être scolarisés en milieu ordinaire.

9) Les entreprises sont libres de choisir d'embaucher ou non des personnes en situation de handicap.

Faux. Elles sont tenues de respecter un quota de 6% de salariés en situation de handicap. Le non respect de cette règle les expose à de lourdes sanctions.

10) On compte environ 300 000 enfants handicapés en France. Un tiers est scolarisé dans les institutions spécialisées et les deux autres tiers à l'école ordinaire.

Vrai

11) Les ESAT sont des Élèves Suffisamment Autonomes pour aller au Tableau.

Faux. Les ESAT sont des Etablissements et Services d'Aides par le Travail qui permettent à une personne handicapée d'exercer une activité dans un milieu protégé si elle n'a pas acquis assez d'autonomie pour travailler en milieu ordinaire.

Le Test Final

12) Le handicap est la 5ème cause de discrimination en France.

Faux. C'est la 2ème cause, derrière l'origine. Trois millions de personnes déclarent avoir fait l'objet de discriminations au cours de leur vie à cause de leur état de santé ou d'un handicap.

13) Chaque handicap moteur entraîne différents niveaux de difficultés mais son origine est toujours la même.

Faux. Les origines des déficiences motrices sont diverses : malformation, maladie, traumatisme, vieillissement.

14) Le taux de chômage des personnes en situation de handicap en France est deux fois plus élevé que pour le reste de la population.

Vrai. Il s'élève à 22%

15) La loi du 11 février 2005 est la toute première loi française sur les droits des personnes handicapées.

Faux. La loi du 11 février 2005 a été précédée par la loi du 30 juin 1975 et la loi du 10 Juillet 1987, deux lois cadrant le champ d'insertion des personnes handicapées, hélas peu ou pas appliquées.

16) Le terme « Défenseur des droits » désigne uniquement l'autorité constitutionnelle indépendante chargée de veiller à la protection des droits et des libertés et de promouvoir l'égalité.

Faux. (Désolé pour le petit piège !) Le terme « Défenseur des droits » désigne également le président de cette institution.

17) Seuls les bâtiments administratifs doivent être mis aux normes de l'accessibilité d'ici à 2015.

Faux. La mise aux normes pour accueillir les personnes en situation de handicap concerne tous les ERP, notamment les commerces, les restaurants et les hôtels.

18) le sigle ERP désigne les Espaces Réservés aux Polyhandicapés

Faux. ERP signifie Établissement Recevant du Public.

19) IEM est un groupe de rap dont tous les membres sont en situation de handicap.

Faux. À ne pas confondre avec le groupe IAM, les IEM désignent les Instituts d'Éducation Motrice qui accueillent des enfants et adolescents relevant d'un handicap moteur important parfois avec des troubles associés.

20) L'APF a soufflé ses 80 bougies en 2013.

Vrai. L'APF a été créé en 1933 par 4 jeunes gens atteints par la poliomyélite et révoltés contre l'exclusion dont ils étaient victimes. 80 ans plus tard, l'APF poursuit son combat pour une participation entière des personnes en situation de handicap et leur famille dans la société.

Résultats du test:

20 bonnes réponses : Respect ! Devant un tel score, le jury est **handithyrambique** !

De 15 à 19 : Bravo ! Vous méritez votre **handiplôme** avec mention très bien !

De 10 à 14 : C'est encourageant ! Avec ce que vous avez retenu, vous pouvez encore faire une belle **handissertation** !

De 5 à 9 : Décevant, mais en révisant un peu, vous finirez par surmonter les **handifficultés** !

De 1 à 4 : Aïe ! Aïe ! Aïe ! On dirait que tout ce que vous aviez lu précédemment a mystérieusement **handisparu** !

Aucune bonne réponse : Hum ! Nous ne voyons qu'une explication : vous êtes **handistrait** et avez répondu l'inverse de ce que vous pensiez ! Soyez handiplomate et replongez-vous à fond dans cet ouvrage offert par l'APF !